小畫家的天空系列

動物畫

Montserrat Llongueras
Cristina Picazo 著
Anna Sadurní

本局編輯部 譯

三民書局

國家圖書館出版品預行編目資料

小普羅藝術叢書.小畫家的天空系列 / Montserrat
Llongueras,Cristina Picazo, Anna Sadurní著;三民
書局編輯部.－－初版三刷.－－臺北市：三民，
2009
　　冊；　公分

ISBN 978－957－14－2855－0　（一套:精裝）
1.美術－教學法 2.繪畫－西洋－技法

523.37

© 動 物 畫

著 作 人	Montserrat Llongueras　Cristina Picazo Anna Sadurní
譯　　者	三民書局編輯部
發 行 人	劉振強
著作財產權人	三民書局股份有限公司
發 行 所	三民書局股份有限公司 地址　臺北市復興北路386號 電話　(02)25006600 郵撥帳號　0009998－5
門 市 部	(復北店) 臺北市復興北路386號 (重南店) 臺北市重慶南路一段61號
出版日期	初版一刷　1998年8月 初版三刷　2009年1月
編　　號	S 940731

行政院新聞局登記證局版臺業字第○二○○號

有著作權·不准侵害

ISBN　978-957-14-2856-7　（精裝）

http://www.sanmin.com.tw　三民網路書店
※本書如有缺頁、破損或裝訂錯誤，請寄回本公司更換。

目次

帶星號*的字在第48頁
的詞彙中有說明

捕捉動感

在這本書裡，我們要告訴你表現「動物」這個主題的畫畫技巧，並且幫助你捕捉牠們的特徵之一——動感。

我們可以從觀察和畫下身旁的動物開始，像你養的小狗、貓咪、天竺鼠或鸚鵡。鳥類和其它的野生動物也是不錯的主題喔！在開始畫畫以前，先找來一張動物的圖片，仔細注意所有的細部。例如，動物的耳朵是大還是小呢？是長的、圓的、還是尖的呢？眼睛是圓的還是橢圓的呢？

在觀察動物的時候，要注意下面幾點：

▲ 先從動物細微的、姿勢幾乎沒有改變的動作，像是喝水、吃東西、抓癢等等開始。先用一些線條畫出動物的輪廓線*來，這個最初步的圖就叫做基本圖形的速寫*。

◀1.把動物分成頭、身體和四肢（臂膀、手、腿和腳），然後用幾何圖形（橢圓形、圓形、方形等）來表示各個部分。

2.估算比例。我們可以參照身體和頭部的比例，來決定頭部的大小。

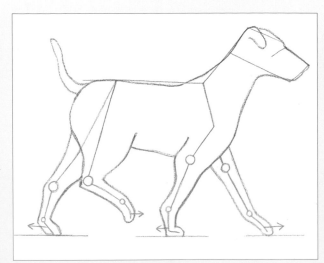

◀4.找到主要的關節（腿彎曲的點）。

▲ 3.注意支撐身體重量的點——不管動物是用兩隻腳、四隻腳或是其它的姿勢站著。我們可以觀察動物移動的方式，例如前腳和後腳在移動時的關係。

◀ 在速寫鳥的時候，我們只需要兩條線：一條表示脊椎，一條表示翅膀的位置。

▶ 速寫哺乳類動物或是爬蟲類動物的時候，用一條線來表示牠的脊椎，用另外四條線來表示腿的位置。

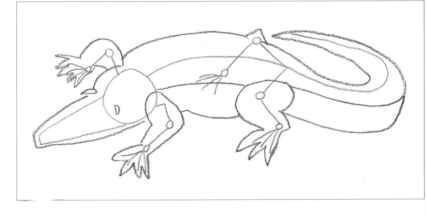

▲ 動感提供了我們關於動物的重要訊息：笨重的象腿告訴我們大象的體重有多重；鳥兒拍打中的翅膀表示了鳥的輕盈；貓咪彎曲的脊椎，讓我們知道貓是很有彈性的喲！

創造紋路*

仔ㄗˇ細ㄒㄧˋ觀ㄍㄨㄢ察ㄔㄚˊ動ㄉㄨㄥˋ物ㄨˋ皮ㄆㄧˊ膚ㄈㄨ或ㄏㄨㄛˋ是ㄕˋ表ㄅㄧㄠˇ皮ㄆㄧˊ的ㄉㄜ˙紋ㄨㄣˊ路ㄌㄨˋ是ㄕˋ很ㄏㄣˇ重ㄓㄨㄥˋ要ㄧㄠˋ的ㄉㄜ˙喲ㄧㄛ˙！注ㄓㄨˋ意ㄧˋ看ㄎㄢˋ看ㄎㄢˋ畫ㄏㄨㄚˋ裡ㄌㄧˇ面ㄇㄧㄢˋ動ㄉㄨㄥˋ物ㄨˋ的ㄉㄜ˙毛ㄇㄠˊ、羽ㄩˇ毛ㄇㄠˊ和ㄏㄢˋ鱗ㄌㄧㄣˊ片ㄆㄧㄢˋ。你ㄋㄧˇ注ㄓㄨˋ意ㄧˋ過ㄍㄨㄛˋ馬ㄇㄚˇ和ㄏㄢˋ狗ㄍㄡˇ在ㄗㄞˋ跑ㄆㄠˇ的ㄉㄜ˙時ㄕˊ候ㄏㄡˋ，牠ㄊㄚ們ㄇㄣ˙的ㄉㄜ˙鬃ㄗㄨㄥ毛ㄇㄠˊ和ㄏㄢˋ長ㄔㄤˊ毛ㄇㄠˊ是ㄕˋ怎ㄗㄣˇ樣ㄧㄤˋ在ㄗㄞˋ風ㄈㄥ中ㄓㄨㄥ飛ㄈㄟ揚ㄧㄤˊ的ㄉㄜ˙嗎ㄇㄚ˙？你ㄋㄧˇ看ㄎㄢˋ過ㄍㄨㄛˋ憤ㄈㄣˋ怒ㄋㄨˋ的ㄉㄜ˙貓ㄇㄠ咪ㄇㄧ是ㄕˋ怎ㄗㄣˇ樣ㄧㄤˋ拱ㄍㄨㄥˇ起ㄑㄧˇ背ㄅㄟˋ、豎ㄕㄨˋ立ㄌㄧˋ毛ㄇㄠˊ髮ㄈㄚˇ，特ㄊㄜˋ別ㄅㄧㄝˊ是ㄕˋ尾ㄨㄟˇ巴ㄅㄚ上ㄕㄤˋ的ㄉㄜ˙毛ㄇㄠˊ嗎ㄇㄚ˙？

可ㄎㄜˇ千ㄑㄧㄢ萬ㄨㄢˋ不ㄅㄨˋ要ㄧㄠˋ畫ㄏㄨㄚˋ你ㄋㄧˇ沒ㄇㄟˊ有ㄧㄡˇ看ㄎㄢˋ過ㄍㄨㄛˋ的ㄉㄜ˙動ㄉㄨㄥˋ物ㄨˋ喲ㄧㄛ˙！如ㄖㄨˊ果ㄍㄨㄛˇ要ㄧㄠˋ畫ㄏㄨㄚˋ得ㄉㄜ˙好ㄏㄠˇ，必ㄅㄧˋ須ㄒㄩ先ㄒㄧㄢ學ㄒㄩㄝˊ會ㄏㄨㄟˋ觀ㄍㄨㄢ察ㄔㄚˊ每ㄇㄟˇ一ㄧˋ種ㄓㄨㄥˇ動ㄉㄨㄥˋ物ㄨˋ的ㄉㄜ˙特ㄊㄜˋ徵ㄓㄥ，這ㄓㄜˋ可ㄎㄜˇ以ㄧˇ幫ㄅㄤ助ㄓㄨˋ你ㄋㄧˇ捕ㄅㄨˇ捉ㄓㄨㄛ牠ㄊㄚ們ㄇㄣ˙在ㄗㄞˋ畫ㄏㄨㄚˋ裡ㄌㄧˇ的ㄉㄜ˙動ㄉㄨㄥˋ感ㄍㄢˇ。

鳥ㄋㄧㄠˇ的ㄉㄜ˙紋ㄨㄣˊ路ㄌㄨˋ

斑ㄅㄢ馬ㄇㄚˇ的ㄉㄜ˙紋ㄨㄣˊ路ㄌㄨˋ

美ㄇㄟˇ洲ㄓㄡ虎ㄏㄨˇ的ㄉㄜ˙紋ㄨㄣˊ路ㄌㄨˋ

天ㄊㄧㄢ竺ㄓㄨˊ鼠ㄕㄨˇ的ㄉㄜ˙紋ㄨㄣˊ路ㄌㄨˋ

熊ㄒㄩㄥˊ的ㄉㄜ˙紋ㄨㄣˊ路ㄌㄨˋ

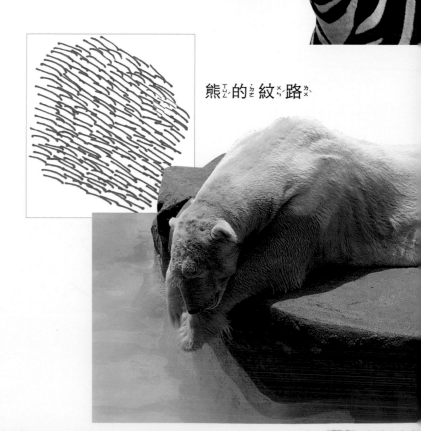

爬ㄆㄚˊ蟲ㄔㄨㄥˊ類ㄌㄟˋ的ㄉㄜ˙紋ㄨㄣˊ路ㄌㄨˋ

為了特殊效果把圖扭曲

如果你想把圖形扭曲，來使表情更加豐富或是產生更有漫畫的效果，這個技巧對你可是很有幫助的唷！讓我們一起用海豹來做個實驗吧！

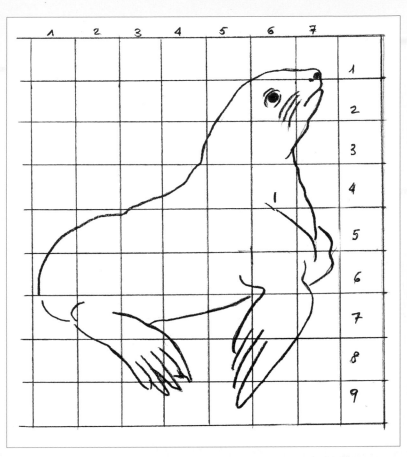

▶我們先畫動物。在圖上畫出等分的水平線和垂直線，來做成四四方方的格子。

▼ 在一張空白的紙上畫出相同的小方格，但是這次水平線之間的距離只有原來的一半，垂直線之間的距離就和原來的一樣。

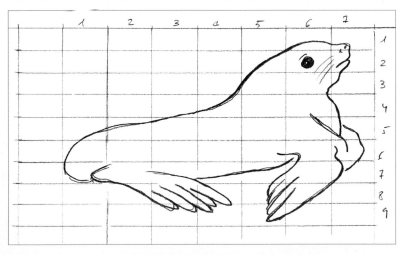

▶這次，我們是縮減垂直線之間的距離。當我們在這兩張小方格上畫動物的時候，我們需要拉長或是縮短線條，然後就會發現這些圖形大不相同喔!而且有點兒像漫畫耶!

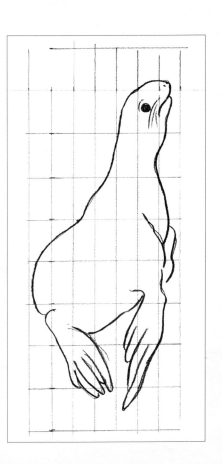

用疊層法*印刷的蜥蜴

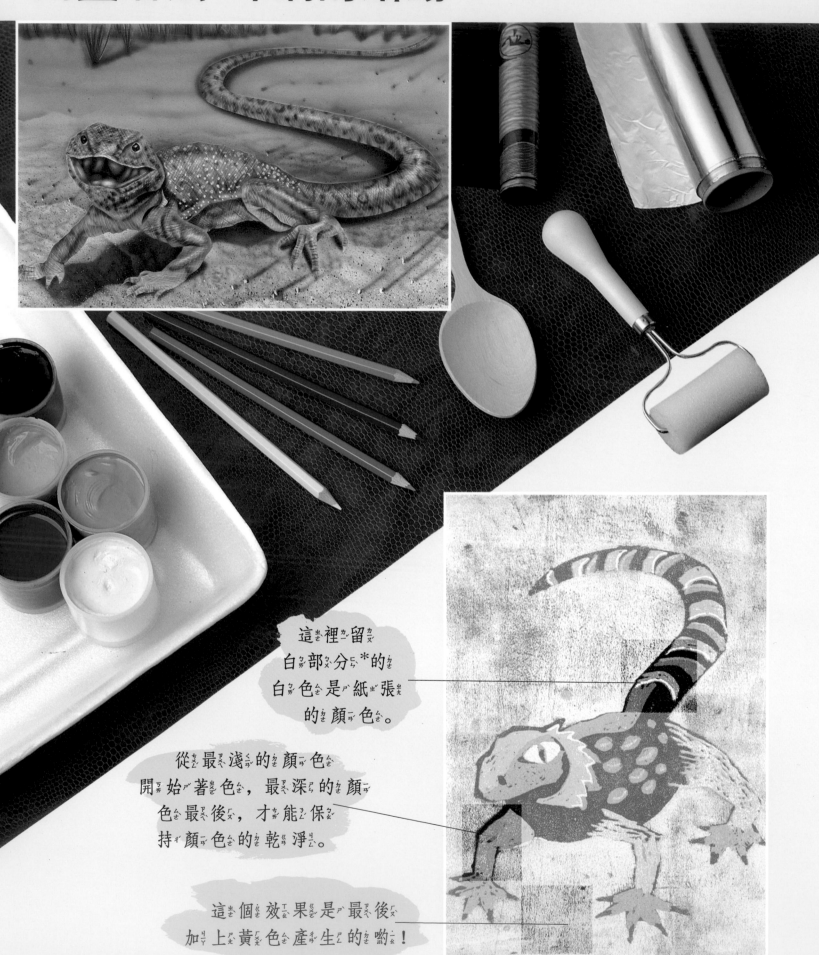

這裡留白部分*的白色是紙張的顏色。

從最淺的顏色開始著色，最深的顏色最後，才能保持顏色的乾淨。

這個效果是最後加上黃色產生的喲！

1 只用一個底板的疊層法，意思是把每一個新增加的顏色切割到一塊單一的底板上。這樣，加上第二個或是第三個顏色的時候，就不會再使用到第一個顏色。讓我們從速寫蜥蜴的基本圖形開始吧！

2 拿一張複寫紙，把有油墨的那一面朝向這張畫的背面，然後描出這張畫的線條來。

在原來圖畫的背面，是不是有一隻像映在鏡子裡的蜥蜴呢？我們要用這個反過來的圖來畫畫，等印刷以後，它就會變回原來正確的樣子了。

實用的小祕訣

用乾淨的塑膠盤做成底板*，就像超級市場裡用來裝肉的盤子。

在這裡最好使用蛋彩*、樹膠*或是廣告顏料*，因為這三種顏料很容易用水來清洗。

如果紙張黏在底板上，那就表示你的顏料太濃了，這時要加多一些些的水；不然就是你的速度太慢，顏料已經開始變乾了。

3 這裡我們用黃色、橘色、綠色和藍色。為了保持顏色乾淨，記得從最淺的顏色開始著色，最深的顏色最後。我們最後才塗黃色，是想讓其它顏色透過這層淺黃色顯現出來。

4 在塑膠印刷底板上,描出我們想要保持白色的部分——眼睛、脖子的背部,以及尾巴上的細條紋。然後,壓按鉛筆的尖端,把這些線挖掉。再來,用蘸了橘色顏料的滾筒,塗過整個表面。動作可不要太慢喔!把紙放在塗了顏色的表面,用木製湯匙的背面,像繞圈圈一樣,用力地把這整幅畫平均地印刷到紙上。

5 清洗底板和滾筒。再來,像上一個步驟,把想保留橘色的地方割掉。現在,我們用綠色重複著色的步驟,先前印刷過的紙張會被塗上新的顏色。注意把紙張和底板的四個角對齊,這樣圖才會印在正確的位置上。

6 再清洗一次滾筒和底板。把你想要保留綠色的地方描出來,然後割掉。現在,塗上藍色再印刷一次。

7 這是最後一次,重複清洗、描圖和切割的步驟,這次保留藍色的地方。然後,把底板塗上黃色印刷。就像右邊的插圖,好像所有的顏色都是透過黃色顯現出來的喲!

用模板*和蠟筆來畫鳥

腳的位置可以表示鳥是正站立著呢？還是正在飛喲！

翅膀和尾巴的部分，需要一片單獨的模板。

細部就讓你自由發揮了。

翅膀和尾巴的位置不一樣，可以產生動的感覺喔！

1 讓我們一起來速寫動物的基本圖形吧！在這裡，我們畫的是小鳥。

實用的小祕訣

蠟筆是很容易弄髒的，所以在使用蠟筆的時候，要注意喔！可不要把畫紙弄髒了。在使用每一個新的顏色以前，都要用乾淨的布來擦一擦你的手喲！

2 在一張卡紙上把身體、頭、翅膀和嘴巴的部分畫出來，然後剪下這些部分的模板，還有背景的雲。

3 用蠟筆把每一個圖案的邊緣塗顏色。每一個圖案都可以用一種或幾種顏色。

4 現在，我們把模板放在紙上，用手指頭把蠟筆往圖案中間塗抹。用這個方法，利用其它的模板把整隻鳥著色。

5 我們可以改變翅膀和尾巴的位置，來畫出各種不同動作的鳥。

6 用黑色蠟筆、白色蠟筆以及鉛筆，加上最後幾筆。

7 最後，試試看用這些模板，在另外一張紙上，創造出幾隻正在飛翔的小鳥吧！

用棉紙著色的美洲虎

把不同顏色的棉紙疊在一起，可以產生新的顏色喔！

邊緣和細部，用黑色麥克筆或蘸了黑色顏料的畫筆描出來。

我們可以用捲好的布蘸上墨水以後，來點出美洲虎的斑點。

在邊邊上的腳爪，可以產生動的感覺。

1 先速寫動物的基本圖形——頭部用橢圓形、身體用直線，腿和腳的部分用另外四條直線。然後，再把動物的形狀畫出來。

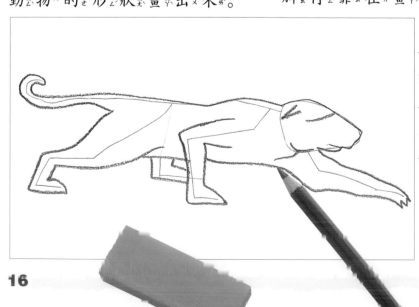

2 接下來是整張畫的構圖。在畫裡，我們只放動物的前半部，而且讓牠的一隻腳停靠在畫框的邊邊上。我們要造成這隻美洲虎正要從紙上逃離的感覺喲！

實ㄕㄧˋ用ㄩㄥˋ的ㄉㄜ˙小ㄒㄧㄠˇ祕ㄇㄧˋ訣ㄐㄩㄝˊ

選ㄒㄩㄢˇ擇ㄗㄜˊ襯ㄔㄣˋ底ㄉㄧˇ的ㄉㄜ˙時ㄕˊ候ㄏㄡˋ，最ㄗㄨㄟˋ好ㄏㄠˇ
用ㄩㄥˋ比ㄅㄧˇ較ㄐㄧㄠˋ厚ㄏㄡˋ的ㄉㄜ˙紙ㄓˇ或ㄏㄨㄛˋ是ㄕˋ厚ㄏㄡˋ紙ㄓˇ
板ㄅㄢˇ。使ㄕˇ用ㄩㄥˋ棉ㄇㄧㄢˊ紙ㄓˇ時ㄕˊ，可ㄎㄜˇ不ㄅㄨˋ要ㄧㄠˋ
把ㄅㄚˇ它ㄊㄚ弄ㄋㄨㄥˋ縐ㄓㄡˋ了ㄌㄜ˙喲ㄧㄛ！
把ㄅㄚˇ襯ㄔㄣˋ底ㄉㄧˇ塗ㄊㄨˊ上ㄕㄤˋ膠ㄐㄧㄠ水ㄕㄨㄟˇ以ㄧˇ後ㄏㄡˋ，
壓ㄧㄚ按ㄢˋ棉ㄇㄧㄢˊ紙ㄓˇ的ㄉㄜ˙一ㄧˋ個ㄍㄜˋ角ㄐㄧㄠˇ，然ㄖㄢˊ
後ㄏㄡˋ用ㄩㄥˋ畫ㄏㄨㄚˋ筆ㄅㄧˇ在ㄗㄞˋ棉ㄇㄧㄢˊ紙ㄓˇ上ㄕㄤˋ來ㄌㄞˊ來ㄌㄞˊ
回ㄏㄨㄟˊ回ㄏㄨㄟˊ地ㄉㄧˋ掃ㄙㄠˇ動ㄉㄨㄥˋ，直ㄓˊ到ㄉㄠˋ棉ㄇㄧㄢˊ紙ㄓˇ
完ㄨㄢˊ全ㄑㄩㄢˊ貼ㄊㄧㄝ住ㄓㄨˋ了ㄌㄜ˙。

3 在ㄗㄞˋ橘ㄐㄩˊ色ㄙㄜˋ棉ㄇㄧㄢˊ紙ㄓˇ上ㄕㄤˋ描ㄇㄧㄠˊ出ㄔㄨ
動ㄉㄨㄥˋ物ㄨˋ的ㄉㄜ˙輪ㄌㄨㄣˊ廓ㄎㄨㄛˋ，剪ㄐㄧㄢˇ下ㄒㄧㄚ來ㄌㄞˊ。
在ㄗㄞˋ襯ㄔㄣˋ底ㄉㄧˇ上ㄕㄤˋ塗ㄊㄨˊ上ㄕㄤˋ加ㄐㄧㄚ水ㄕㄨㄟˇ稀ㄒㄧ釋ㄕˋ
過ㄍㄨㄛˋ的ㄉㄜ˙白ㄅㄞˊ膠ㄐㄧㄠ。然ㄖㄢˊ後ㄏㄡˋ，把ㄅㄚˇ剪ㄐㄧㄢˇ下ㄒㄧㄚ
來ㄌㄞˊ的ㄉㄜ˙美ㄇㄟˇ洲ㄓㄡ虎ㄏㄨˇ貼ㄊㄧㄝ到ㄉㄠˋ襯ㄔㄣˋ底ㄉㄧˇ上ㄕㄤˋ。

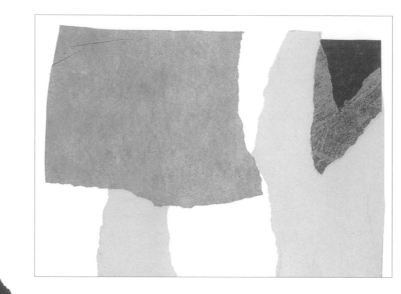

4 用剪下來不同顏色的棉紙來做這幅圖的背景。把棉紙一塊一塊黏上，可以重疊一部分，但要小心喔！不要蓋到動物的輪廓了。

5 把兩張不同顏色的面紙重複貼上，會產生新的顏色呢！在這裡，紅色面紙蓋在藍色上產生了紫羅蘭色；紅色蓋在綠色上變成棕色。

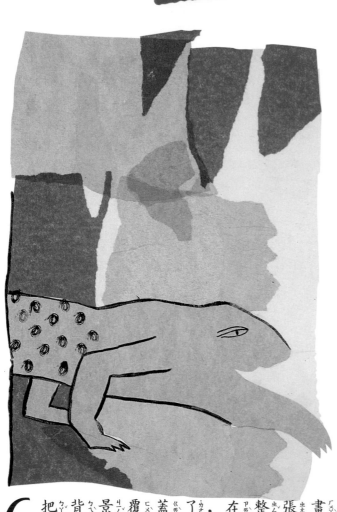

6 把背景覆蓋了，在整張畫的表面塗上一層薄薄的白膠。乾了以後，再用黑色的墨水描出美洲虎的輪廓。我們可以把布捲起來，蘸上墨水加上斑點。

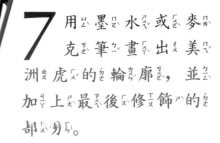

7 用墨水或麥克筆畫出美洲虎的輪廓，並加上最後修飾的部分。

用橡皮印章畫成的斑馬

黃色的背景使動物凸顯出來。

動的感覺可以由腳的位置來表示。

蓋印在斑馬蹄上的草原，使這張畫更逼真喔！

實用的小祕訣

要選用多到可以容納整張畫的橡皮擦。當你把設計的圖案切割到橡皮擦上的時候，別忘了沒有割掉的部分到時候會印在紙上，而你割掉的部分和線條就不會印出來。這個技巧也可以用來創造葉子、花朵、羽毛以及波浪等等喲！

1 選擇身上有鮮明圖案和紋路的動物。在這裡，我們要畫的是斑馬，其實老虎、某些的魚、蝴蝶和其它許多動物，都是你可以嘗試的對象喔！

2 請大人幫忙把橡皮擦做成一塊一塊的印章，這是要用來蓋斑馬的條紋和草原。先把不想印上去的地方都割掉。用一塊布吸滿黑色墨水，塗在斑馬的印章上；用另一塊布吸滿綠色墨水，塗在草原的印章上。我們可以先在紙片上試蓋看看。

3 用壓克力顏料把背景著色。然後，擦去斑馬的鉛筆輪廓。

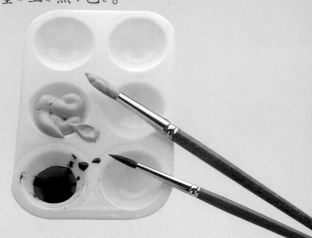

4 用非常淺的色調塗出身體的陰影。尾巴、鬃毛、眼睛、嘴巴、鼻子和蹄就塗上黑色。

5 用蘸了綠色墨水的印章創造草原。如果稍微蓋到一點尾巴也沒關係，但是不要用草原把整個背景填滿。別忘了喔！我們想要讓動物的形體凸顯出來。

6 現在是斑馬的條紋部分，在這裡，我們要做斑馬輪廓的模板。把模板放在畫上，然後使用蘸了黑色墨水的印章。

7 拿开模板，让斑马尽情奔跑吧！

用蛋彩創造魚

背景的灰色漸層，使魚兒凸顯出來。

不同的色調*是由混合三原色：黃色、藍色和紅色產生出來。

把色調分開的線條，使物體有立體*的效果。

彎曲的線條表現魚兒游動的感覺。

實用的小祕訣

我們用的蛋彩顏料可不要太濃或是太稀了。濃度剛剛好的話，畫筆便能輕鬆地在紙上滑動喲！

在混色的時候，先用比較淺的顏色加上一點點別的顏色。慢慢增加比較深的顏色直到調成你想要的色調。

1 用四、五條線來表現魚兒游動的感覺。

2 速寫魚的基本圖形，並且把牠們的輪廓畫出來，可不要忘記魚兒游動的感覺喲！

3 依照身體的方向加上線條，可以區隔色調和創造出立體*感。

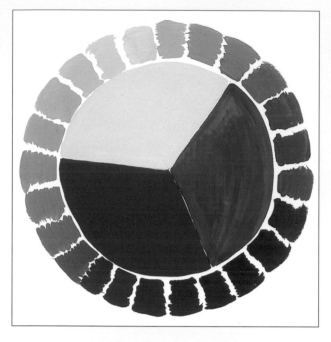

4 準(ㄓㄨㄣ)備(ㄅㄟ)一(一)個(ㄍㄜ)調(ㄉ一ㄠ)色(ㄙㄜ)盤(ㄆㄢ)和(ㄏㄜ)三(ㄙㄢ)原(ㄩㄢ)色(ㄙㄜ)：黃(ㄏㄨㄤ)色(ㄙㄜ)、藍(ㄌㄢ)色(ㄙㄜ)和(ㄏㄜ)紅(ㄏㄨㄥ)色(ㄙㄜ)。混(ㄏㄨㄣ)合(ㄏㄜ)黃(ㄏㄨㄤ)色(ㄙㄜ)和(ㄏㄜ)紅(ㄏㄨㄥ)色(ㄙㄜ)得(ㄉㄜ)到(ㄉㄠ)橘(ㄐㄩ)色(ㄙㄜ)和(ㄏㄜ)紅(ㄏㄨㄥ)色(ㄙㄜ)調(ㄉ一ㄠ)；混(ㄏㄨㄣ)合(ㄏㄜ)紅(ㄏㄨㄥ)色(ㄙㄜ)和(ㄏㄜ)藍(ㄌㄢ)色(ㄙㄜ)，會(ㄏㄨㄟ)得(ㄉㄜ)到(ㄉㄠ)紫(ㄗ)色(ㄙㄜ)和(ㄏㄜ)紫(ㄗ)羅(ㄌㄨㄛ)蘭(ㄌㄢ)色(ㄙㄜ)調(ㄉ一ㄠ)；混(ㄏㄨㄣ)合(ㄏㄜ)黃(ㄏㄨㄤ)色(ㄙㄜ)和(ㄏㄜ)藍(ㄌㄢ)色(ㄙㄜ)，就(ㄐ一ㄡ)是(ㄕ)綠(ㄌㄩ)色(ㄙㄜ)調(ㄉ一ㄠ)了(ㄌㄜ)。

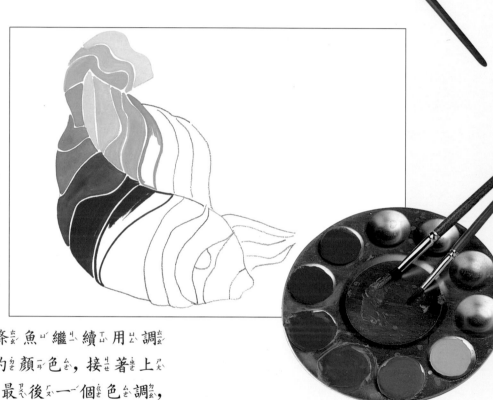

5 先(ㄒ一ㄢ)塗(ㄊㄨ)上(ㄕㄤ)面(ㄇ一ㄢ)的(ㄉㄜ)這(ㄓㄜ)條(ㄊ一ㄠ)魚(ㄩ)，從(ㄘㄨㄥ)黃(ㄏㄨㄤ)色(ㄙㄜ)開(ㄎㄞ)始(ㄕ)沿(一ㄢ)著(ㄓㄜ)色(ㄙㄜ)調(ㄉ一ㄠ)裡(ㄌ一)的(ㄉㄜ)顏(一ㄢ)色(ㄙㄜ)塗(ㄊㄨ)到(ㄉㄠ)紅(ㄏㄨㄥ)色(ㄙㄜ)。在(ㄗㄞ)塗(ㄊㄨ)每(ㄇㄟ)一(一)個(ㄍㄜ)部(ㄅㄨ)分(ㄈㄣ)的(ㄉㄜ)時(ㄕ)候(ㄏㄡ)，先(ㄒ一ㄢ)用(ㄩㄥ)細(ㄒ一)的(ㄉㄜ)畫(ㄏㄨㄚ)筆(ㄅ一)描(ㄇ一ㄠ)出(ㄔㄨ)輪(ㄌㄨㄣ)廓(ㄎㄨㄛ)來(ㄌㄞ)，再(ㄗㄞ)把(ㄅㄚ)裡(ㄌ一)面(ㄇ一ㄢ)著(ㄓㄜ)色(ㄙㄜ)。在(ㄗㄞ)每(ㄇㄟ)一(一)個(ㄍㄜ)顏(一ㄢ)色(ㄙㄜ)之(ㄓ)間(ㄐ一ㄢ)留(ㄌ一ㄡ)下(ㄒ一ㄚ)一(一)些(ㄒ一ㄝ)些(ㄒ一ㄝ)的(ㄉㄜ)空(ㄎㄨㄥ)白(ㄅㄞ)。

6 下(ㄒ一ㄚ)面(ㄇ一ㄢ)這(ㄓㄜ)條(ㄊ一ㄠ)魚(ㄩ)繼(ㄐ一)續(ㄒㄩ)用(ㄩㄥ)調(ㄉ一ㄠ)色(ㄙㄜ)盤(ㄆㄢ)*裡(ㄌ一)的(ㄉㄜ)顏(一ㄢ)色(ㄙㄜ)，接(ㄐ一ㄝ)著(ㄓㄜ)上(ㄕㄤ)面(ㄇ一ㄢ)那(ㄋㄚ)條(ㄊ一ㄠ)魚(ㄩ)的(ㄉㄜ)最(ㄗㄨㄟ)後(ㄏㄡ)一(一)個(ㄍㄜ)色(ㄙㄜ)調(ㄉ一ㄠ)，也(一ㄝ)就(ㄐ一ㄡ)是(ㄕ)紫(ㄗ)色(ㄙㄜ)、藍(ㄌㄢ)色(ㄙㄜ)、綠(ㄌㄩ)色(ㄙㄜ)和(ㄏㄜ)黃(ㄏㄨㄤ)色(ㄙㄜ)。

7 用(ㄩㄥ)同(ㄊㄨㄥ)樣(一ㄤ)的(ㄉㄜ)方(ㄈㄤ)法(ㄈㄚ)來(ㄌㄞ)畫(ㄏㄨㄚ)背(ㄅㄟ)景(ㄐ一ㄥ)。塗(ㄊㄨ)在(ㄗㄞ)背(ㄅㄟ)景(ㄐ一ㄥ)上(ㄕㄤ)的(ㄉㄜ)顏(一ㄢ)色(ㄙㄜ)是(ㄕ)從(ㄘㄨㄥ)白(ㄅㄞ)色(ㄙㄜ)到(ㄉㄠ)黑(ㄏㄟ)色(ㄙㄜ)的(ㄉㄜ)漸(ㄐ一ㄢ)層(ㄘㄥ)*。在(ㄗㄞ)兩(ㄌ一ㄤ)條(ㄊ一ㄠ)魚(ㄩ)的(ㄉㄜ)邊(ㄅ一ㄢ)緣(ㄩㄢ)和(ㄏㄜ)背(ㄅㄟ)景(ㄐ一ㄥ)的(ㄉㄜ)條(ㄊ一ㄠ)紋(ㄨㄣ)之(ㄓ)間(ㄐ一ㄢ)都(ㄉㄡ)留(ㄌ一ㄡ)下(ㄒ一ㄚ)一(一)些(ㄒ一ㄝ)些(ㄒ一ㄝ)的(ㄉㄜ)空(ㄎㄨㄥ)白(ㄅㄞ)。

用海棉畫成的青蛙

我們可以減少用在海棉上的力量，來造成色調的漸層喔！

皮膚的紋路可以用任何兩種綠色的色調來著色。

實ㄕ用ㄩㄥˋ的ㄉㄜ˙ 小ㄒㄧㄠˇ祕ㄇㄧˋ訣ㄐㄩㄝˊ

我ㄨㄛˇ們ㄇㄣˊ可ㄎㄜˇ以ㄧˇ拿ㄋㄚˊ洗ㄒㄧˇ碗ㄨㄢˇ用ㄩㄥˋ的ㄉㄜ˙舊ㄐㄧㄡˋ海ㄏㄞˇ棉ㄇㄧㄢˊ或ㄏㄨㄛˋ是ㄕˋ不ㄅㄨˊ要ㄧㄠˋ的ㄉㄜ˙枕ㄓㄣˇ頭ㄊㄡˊ海ㄏㄞˇ棉ㄇㄧㄢˊ來ㄌㄞˊ用ㄩㄥˋ。

1 速ㄙㄨˋ寫ㄒㄧㄝˇ青ㄑㄧㄥ蛙ㄨㄚ跳ㄊㄧㄠˋ躍ㄩㄝˋ時ㄕˊ三ㄙㄢ個ㄍㄜˋ不ㄅㄨˋ同ㄊㄨㄥˊ階ㄐㄧㄝ段ㄉㄨㄢˋ的ㄉㄜ˙基ㄐㄧ本ㄅㄣˇ圖ㄊㄨˊ形ㄒㄧㄥˊ。

2 我ㄨㄛˇ們ㄇㄣˊ可ㄎㄜˇ以ㄧˇ利ㄌㄧˋ用ㄩㄥˋ青ㄑㄧㄥ蛙ㄨㄚ的ㄉㄜ˙各ㄍㄜˋ種ㄓㄨㄥˇ姿ㄗ勢ㄕˋ來ㄌㄞˊ構ㄍㄡˋ圖ㄊㄨˊ,同ㄊㄨㄥˊ時ㄕˊ把ㄅㄚˇ背ㄅㄟˋ景ㄐㄧㄥˇ畫ㄏㄨㄚˋ好ㄏㄠˇ。

3 把ㄅㄚˇ青ㄑㄧㄥ蛙ㄨㄚ描ㄇㄧㄠˊ在ㄗㄞˋ一ㄧ張ㄓㄤ卡ㄎㄚˇ紙ㄓˇ上ㄕㄤˋ,然ㄖㄢˊ後ㄏㄡˋ剪ㄐㄧㄢˇ下ㄒㄧㄚˋ來ㄌㄞˊ做ㄗㄨㄛˋ成ㄔㄥˊ模ㄇㄛˊ板ㄅㄢˇ。

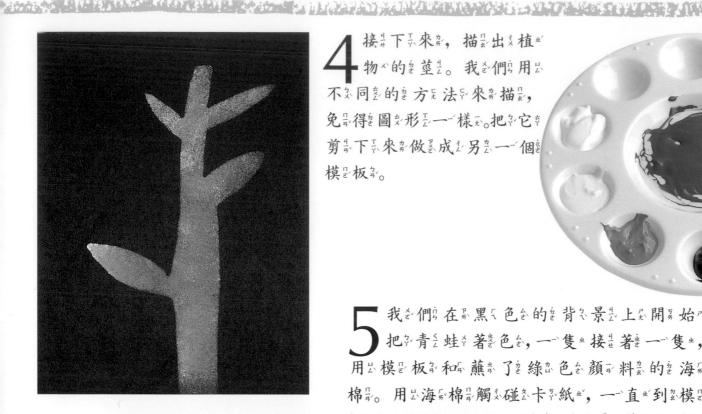

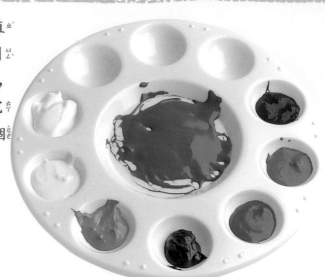

4 接下來，描出植物的莖。我們用不同的方法來描，免得圖形一樣。把它剪下來做成另一個模板。

5 我們在黑色的背景上開始把青蛙著色，一隻接著一隻，用模板和蘸了綠色顏料的海棉。用海棉觸碰卡紙，一直到模板內的部分已經完全覆蓋住顏料。用不同的綠色重複同樣的步驟，讓青蛙的皮膚產生紋路。

6 重複這個步驟，在背景上加一些植物。利用綠色調和藍色調來達到漸層的效果。在這裡，只需用海棉輕輕觸碰紙板就可以了。

7 最後，用黃色或白色把青蛙的
眼睛著色。等顏料乾了以後，
用色鉛筆加上瞳孔和嘴巴。

用蠟筆描成的熊

背景用水彩來著色，可以凸顯主要的物體。

立體的感覺是由不同方向的線條產生的。

動物的邊緣要用最深的顏色喔！

熊上舉的腳掌可以產生動感的效果。

實用的小祕訣

這個技巧適合畫身上有很多毛或是羽毛的動物。這些線條可以幫助我們捕捉動物的紋路和立體感喲！

1 速ㄙㄨˋ寫ㄒㄧㄝˇ一ㄧ隻ㄓ和ㄏㄜˊ鳥ㄋㄧㄠˇ兒ㄦˊ玩ㄨㄢˊ耍ㄕㄨㄚˇ的ㄉㄜ熊ㄒㄩㄥˊ的ㄉㄜ基ㄐㄧ本ㄅㄣˇ圖ㄊㄨˊ形ㄒㄧㄥˊ。

2 把ㄅㄚˇ這ㄓㄜˋ幅ㄈㄨˊ圖ㄊㄨˊ複ㄈㄨˋ製ㄓˋ到ㄉㄠˋ另ㄌㄧㄥˋ外ㄨㄞˋ一ㄧ張ㄓㄤ紙ㄓˇ上ㄕㄤˋ。

3 用ㄩㄥˋ各ㄍㄜˋ種ㄓㄨㄥˇ顏ㄧㄢˊ色ㄙㄜˋ的ㄉㄜ蠟ㄌㄚˋ筆ㄅㄧˇ把ㄅㄚˇ原ㄩㄢˊ先ㄒㄧㄢ圖ㄊㄨˊ畫ㄏㄨㄚˋ的ㄉㄜ背ㄅㄟˋ面ㄇㄧㄢˋ填ㄊㄧㄢˊ滿ㄇㄢˇ。輪ㄌㄨㄣˊ廓ㄎㄨㄛˋ線ㄒㄧㄢˋ的ㄉㄜ部ㄅㄨˋ分ㄈㄣ用ㄩㄥˋ最ㄗㄨㄟˋ深ㄕㄣ的ㄉㄜ顏ㄧㄢˊ色ㄙㄜˋ，來ㄌㄞˊ產ㄔㄢˇ生ㄕㄥ動ㄉㄨㄥˋ物ㄨˋ的ㄉㄜ立ㄌㄧˋ體ㄊㄧˇ感ㄍㄢˇ。

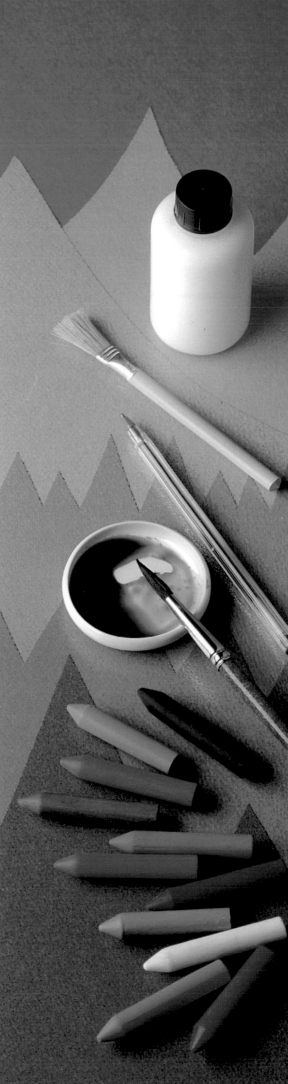

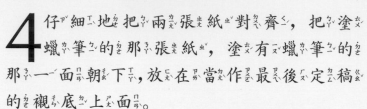

4 仔ㄗˇ細ㄒㄧˋ地ㄉㄧˋ把ㄅㄚˇ兩ㄌㄧㄤˇ張ㄓㄤ紙ㄓˇ對ㄉㄨㄟˋ齊ㄑㄧˊ，把ㄅㄚˇ塗ㄊㄨˊ蠟ㄌㄚˋ筆ㄅㄧˇ的ㄉㄜ那ㄋㄚˋ張ㄓㄤ紙ㄓˇ，塗ㄊㄨˊ有ㄧㄡˇ蠟ㄌㄚˋ筆ㄅㄧˇ的ㄉㄜ那ㄋㄚˋ一ㄧˋ面ㄇㄧㄢˋ朝ㄔㄠˊ下ㄒㄧㄚˋ，放ㄈㄤˋ在ㄗㄞˋ當ㄉㄤ作ㄗㄨㄛˋ最ㄗㄨㄟˋ後ㄏㄡˋ定ㄉㄧㄥˋ稿ㄍㄠˇ的ㄉㄜ襯ㄔㄣˋ底ㄉㄧˇ上ㄕㄤˋ面ㄇㄧㄢˋ。

5 用ㄩㄥˋ原ㄩㄢˊ子ㄗˇ筆ㄅㄧˇ在ㄗㄞˋ紙ㄓˇ張ㄓㄤ上ㄕㄤˋ描ㄇㄧㄠˊ摹ㄇㄛˊ圖ㄊㄨˊ案ㄢˋ，把ㄅㄚˇ蠟ㄌㄚˋ筆ㄅㄧˇ轉ㄓㄨㄢˇ印ㄧㄣˋ到ㄉㄠˋ當ㄉㄤ作ㄗㄨㄛˋ襯ㄔㄣˋ底ㄉㄧˇ的ㄉㄜ紙ㄓˇ上ㄕㄤˋ。

6 現ㄒㄧㄢˋ在ㄗㄞˋ，襯ㄔㄣˋ底ㄉㄧˇ的ㄉㄜ紙ㄓˇ上ㄕㄤˋ已ㄧˇ經ㄐㄧㄥ佈ㄅㄨˋ滿ㄇㄢˇ了ㄌㄜ不ㄅㄨˋ同ㄊㄨㄥˊ顏ㄧㄢˊ色ㄙㄜˋ的ㄉㄜ線ㄒㄧㄢˋ條ㄊㄧㄠˊ。在ㄗㄞˋ動ㄉㄨㄥˋ物ㄨˋ上ㄕㄤˋ刷ㄕㄨㄚ過ㄍㄨㄛˋ一ㄧˋ層ㄘㄥˊ薄ㄅㄠˊ薄ㄅㄠˊ的ㄉㄜ白ㄅㄞˊ膠ㄐㄧㄠ，這ㄓㄜˋ樣ㄧㄤˋ子ㄗ˙蠟ㄌㄚˋ筆ㄅㄧˇ的ㄉㄜ顏ㄧㄢˊ色ㄙㄜˋ才ㄘㄞˊ不ㄅㄨˋ會ㄏㄨㄟˋ被ㄅㄟˋ弄ㄋㄨㄥˋ髒ㄗㄤ了ㄌㄜ喲ㄧㄛ！

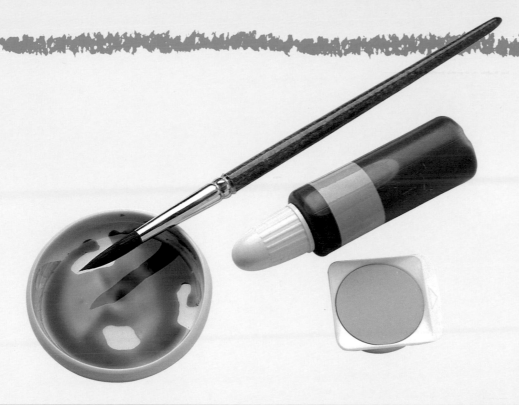

7 背ㄅㄟˋ景ㄐㄧㄥˇ的ㄉㄜ˙部ㄅㄨˋ分ㄈㄣˋ，我ㄨㄛˇ
們ㄇㄣ˙用ㄩㄥˋ加ㄐㄧㄚ了ㄌㄜ˙很ㄏㄣˇ多ㄉㄨㄛ水ㄕㄨㄟˇ
的ㄉㄜ˙水ㄕㄨㄟˇ彩ㄘㄞˇ，讓ㄖㄤˋ色ㄙㄜˋ彩ㄘㄞˇ看ㄎㄢˋ
起ㄑㄧˇ來ㄌㄞˊ柔ㄖㄡˊ和ㄏㄜˊ一ㄧˋ些ㄒㄧㄝ。

用炭筆來畫猴子

用橡皮擦擦掉炭筆，可以產生最明亮的部分*。

細部在最後才用炭筆畫上。

1 讓我們一起來畫兩隻正在吃香蕉的猴子。

2 用有粗糙表面、可以讓炭筆附著的畫紙，把動物畫下來，但是不要畫細部。

實用的小祕訣

炭筆可是很容易把到處弄得髒兮兮的喲！為了避免讓手腕沾到炭筆的粉末，我們可以在畫上放一張紙，這樣子在畫畫的時候，便可以把手靠在上面。

3 用炭條把圖案填上顏色，並且在需要陰影和產生動物立體感的地方加重線條。

4 用手指頭塗開炭筆的顏色。

5 如果要塗大面積，我們可以利用棉布或是比較粗的擦筆*。橡皮擦可以用來塗比較小的面積，或是用來造成最明亮的部分。

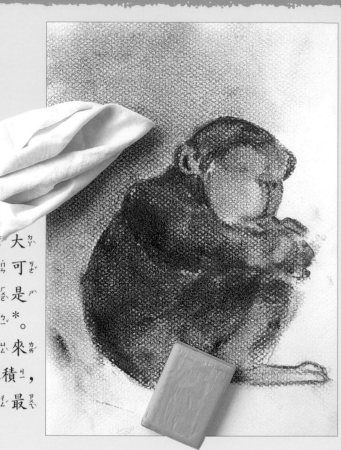

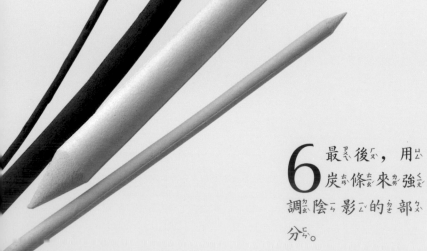

6 最後，用炭條來強調陰影的部分。

7 整張畫完成以後，在上面噴上一層保護膠*，免得把畫弄髒了。如果你沒有保護膠，用髮膠也是可以的。

單色的變色龍

加上黑色，會產生最深的色調喔！

如果加上白色以後，顏色會變淺。

先把要著色部分的輪廓描出來，再用選好的顏色把它填滿。

最後的細部是用黑色來畫的，這樣子有凸顯細部的效果喲！

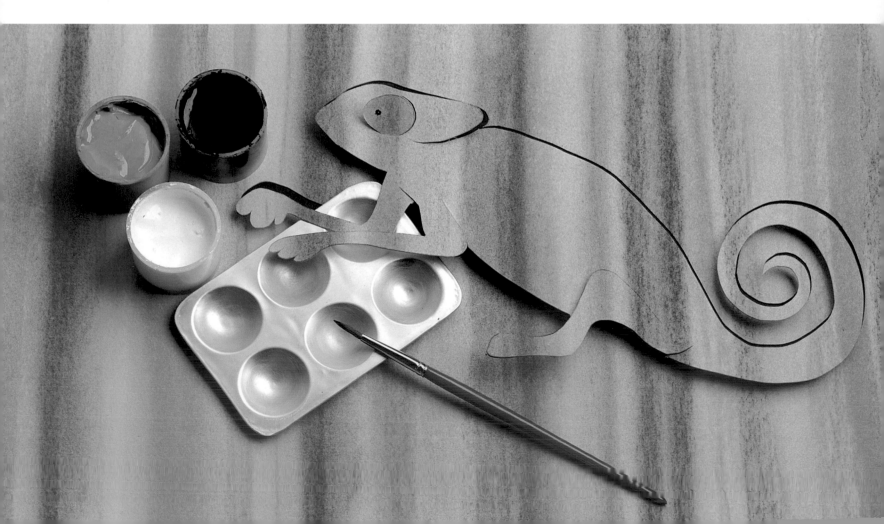

實ㄕ用ㄩㄥˋ的ㄉㄜ˙ 小ㄒㄧㄠˇ祕ㄇㄧˋ訣ㄐㄩㄝˊ

別ㄅㄧㄝˊ忘ㄨㄤˋ了ㄌㄜ˙喔ㄛ！ 如ㄖㄨˊ果ㄍㄨㄛˇ我ㄨㄛˇ們ㄇㄣ˙加ㄐㄧㄚ了ㄌㄜ˙越ㄩㄝˋ多ㄉㄨㄛ白ㄅㄞˊ色ㄙㄜˋ，顏ㄧㄢˊ色ㄙㄜˋ就ㄐㄧㄡˋ會ㄏㄨㄟˋ變ㄅㄧㄢˋ得ㄉㄜ˙越ㄩㄝˋ淺ㄑㄧㄢˇ。相ㄒㄧㄤ反ㄈㄢˇ的ㄉㄜ˙，太ㄊㄞˋ多ㄉㄨㄛ的ㄉㄜ˙黑ㄏㄟ色ㄙㄜˋ可ㄎㄜˇ是ㄕˋ會ㄏㄨㄟˋ讓ㄖㄤˋ顏ㄧㄢˊ色ㄙㄜˋ失ㄕ去ㄑㄩˋ亮ㄌㄧㄤˋ度ㄉㄨˋ的ㄉㄜ˙。

如ㄖㄨˊ果ㄍㄨㄛˇ你ㄋㄧˇ沒ㄇㄟˊ有ㄧㄡˇ調ㄊㄧㄠˊ色ㄙㄜˋ盤ㄆㄢˊ，也ㄧㄝˇ可ㄎㄜˇ以ㄧˇ利ㄌㄧˋ用ㄩㄥˋ平ㄆㄧㄥˊ滑ㄏㄨㄚˊ的ㄉㄜ˙塑ㄙㄨˋ膠ㄐㄧㄠ板ㄅㄢˇ或ㄏㄨㄛˋ是ㄕˋ鋁ㄌㄩˇ箔ㄅㄛˊ紙ㄓˇ來ㄌㄞˊ混ㄏㄨㄣˋ色ㄙㄜˋ。

1 我ㄨㄛˇ們ㄇㄣ˙來ㄌㄞˊ創ㄔㄨㄤˋ造ㄗㄠˋ一ㄧˋ幅ㄈㄨˊ單ㄉㄢ色ㄙㄜˋ畫ㄏㄨㄚˋ*。先ㄒㄧㄢ速ㄙㄨˋ寫ㄒㄧㄝˇ變ㄅㄧㄢˋ色ㄙㄜˋ龍ㄌㄨㄥˊ的ㄉㄜ˙基ㄐㄧ本ㄅㄣˇ圖ㄊㄨˊ形ㄒㄧㄥˊ，上ㄕㄤˋ面ㄇㄧㄢˋ再ㄗㄞˋ畫ㄏㄨㄚˋ另ㄌㄧㄥˋ外ㄨㄞˋ一ㄧˋ隻ㄓ。

2 在ㄗㄞˋ動ㄉㄨㄥˋ物ㄨˋ的ㄉㄜ˙身ㄕㄣ體ㄊㄧˇ上ㄕㄤˋ畫ㄏㄨㄚˋ一ㄧˋ些ㄒㄧㄝ區ㄑㄩ隔ㄍㄜˊ的ㄉㄜ˙線ㄒㄧㄢˋ條ㄊㄧㄠˊ或ㄏㄨㄛˋ是ㄕˋ幾ㄐㄧˇ何ㄏㄜˊ圖ㄊㄨˊ形ㄒㄧㄥˊ，來ㄌㄞˊ產ㄔㄢˇ生ㄕㄥ動ㄉㄨㄥˋ物ㄨˋ的ㄉㄜ˙立ㄌㄧˋ體ㄊㄧˇ感ㄍㄢˇ和ㄏㄢˋ紋ㄨㄣˊ路ㄌㄨˋ。

3 把ㄅㄚ我ㄨㄛ們ㄇㄣ選ㄒㄩㄢ好ㄏㄠ的ㄉㄜ顏ㄧㄢ色ㄙㄜ放ㄈㄤ在ㄗㄞ調ㄊㄧㄠ色ㄙㄜ盤ㄆㄢ或ㄏㄨㄛ是ㄕ任ㄖㄣ何ㄏㄜ平ㄆㄧㄥ滑ㄏㄨㄚ的ㄉㄜ表ㄅㄧㄠ面ㄇㄧㄢ上ㄕㄤ。在ㄗㄞ這ㄓㄜ裡ㄌㄧ，我ㄨㄛ們ㄇㄣ選ㄒㄩㄢ了ㄌㄜ綠ㄌㄩ色ㄙㄜ和ㄏㄢ白ㄅㄞ色ㄙㄜ。我ㄨㄛ們ㄇㄣ從ㄘㄨㄥ加ㄐㄧㄚ入ㄖㄨ一ㄧ些ㄒㄧㄝ些ㄒㄧㄝ的ㄉㄜ白ㄅㄞ色ㄙㄜ使ㄕ綠ㄌㄩ色ㄙㄜ變ㄅㄧㄢ淺ㄑㄧㄢ，來ㄌㄞ產ㄔㄢ生ㄕㄥ不ㄅㄨ同ㄊㄨㄥ的ㄉㄜ色ㄙㄜ調ㄊㄧㄠ開ㄎㄞ始ㄕ。

4 先ㄒㄧㄢ畫ㄏㄨㄚ要ㄧㄠ著ㄓㄨ色ㄙㄜ部ㄅㄨ分ㄈㄣ的ㄉㄜ輪ㄌㄨㄣ廓ㄎㄨㄛ，然ㄖㄢ後ㄏㄡ再ㄗㄞ用ㄩㄥ顏ㄧㄢ色ㄙㄜ把ㄅㄚ裡ㄌㄧ面ㄇㄧㄢ填ㄊㄧㄢ滿ㄇㄢ。先ㄒㄧㄢ把ㄅㄚ輪ㄌㄨㄣ廓ㄎㄨㄛ著ㄓㄨ色ㄙㄜ可ㄎㄜ以ㄧ讓ㄖㄤ顏ㄧㄢ色ㄙㄜ不ㄅㄨ會ㄏㄨㄟ溢ㄧ出ㄔㄨ去ㄑㄩ。

5 為ㄨㄟ了ㄌㄜ達ㄉㄚ到ㄉㄠ我ㄨㄛ們ㄇㄣ想ㄒㄧㄤ創ㄔㄨㄤ造ㄗㄠ的ㄉㄜ紋ㄨㄣ路ㄌㄨ亮ㄌㄧㄤ度ㄉㄨ，塗ㄊㄨ上ㄕㄤ越ㄩㄝ多ㄉㄨㄛ的ㄉㄜ色ㄙㄜ調ㄊㄧㄠ越ㄩㄝ好ㄏㄠ喔ㄛ！

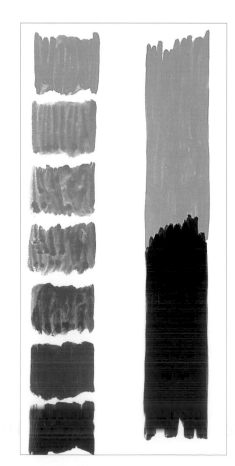

6 混ㄏㄨㄣ合ㄏㄜ另ㄌㄧㄥ外ㄨㄞ一ㄧ個ㄍㄜ色ㄙㄜ調ㄊㄧㄠ，但ㄉㄢ是ㄕ這ㄓㄜ一ㄧ次ㄘ我ㄨㄛ們ㄇㄣ加ㄐㄧㄚ入ㄖㄨ黑ㄏㄟ色ㄙㄜ。用ㄩㄥ這ㄓㄜ些ㄒㄧㄝ色ㄙㄜ調ㄊㄧㄠ來ㄌㄞ塗ㄊㄨ背ㄅㄟ景ㄐㄧㄥ的ㄉㄜ部ㄅㄨ分ㄈㄣ，背ㄅㄟ景ㄐㄧㄥ在ㄗㄞ一ㄧ開ㄎㄞ始ㄕ的ㄉㄜ時ㄕ候ㄏㄡ，就ㄐㄧㄡ要ㄧㄠ隔ㄍㄜ成ㄔㄥ許ㄒㄩ多ㄉㄨㄛ部ㄅㄨ分ㄈㄣ。

7 最ㄗㄨㄟ後ㄏㄡ再ㄗㄞ畫ㄏㄨㄚ出ㄔㄨ某ㄇㄡ些ㄒㄧㄝ部ㄅㄨ分ㄈㄣ，並ㄅㄧㄥ用ㄩㄥ黑ㄏㄟ色ㄙㄜ加ㄐㄧㄚ上ㄕㄤ細ㄒㄧ部ㄅㄨ分ㄈㄣ，這ㄓㄜ幅ㄈㄨ畫ㄏㄨㄚ就ㄐㄧㄡ完ㄨㄢ成ㄔㄥ了ㄌㄜ耶ㄧㄝ！

用粉彩筆來畫企鵝

變化畫裡動物的姿勢，可以使構圖更加活潑喲！

用不同的顏色描出圖案的輪廓可以產生對比。

重複塗上顏色，會產生立體的效果喔！

實用的小祕訣

如果你想畫比較細的點——速寫或描輪廓，可以用砂紙把粉彩筆磨尖。

1 現在就讓我們開始吧！先速寫形體，然後畫幾隻姿勢不同的企鵝。

2 選擇你最喜歡的企鵝，並構圖。

3 在一張彩色的卡紙（卡紙的顏色越深，粉彩筆的色調就會越明亮）上，輕輕地畫第一隻企鵝，然後把身體塗上顏色。

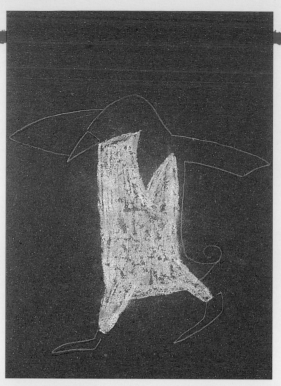

4 用手指頭摩擦粉彩，把它塗成比較均勻的色調。

5 重複同樣的步驟，把動物的其它部分著色。每一個顏色都是著色以後再用手指頭來塗抹。這個程序可以避免顏色在紙張上混在一起喔！

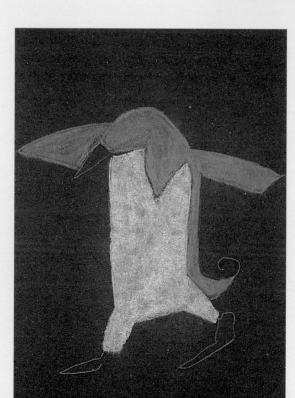

6 在某些部分使用同一個顏色較淺或較深的色調，來產生立體的感覺。

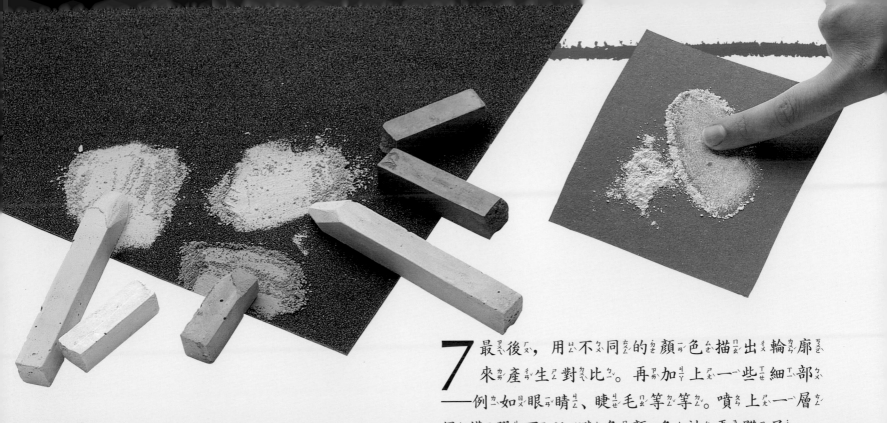

7 最後，用不同的顏色描出輪廓來產生對比。再加上一些細部——例如眼睛、睫毛等等。噴上一層保護膠可以避免顏色被弄髒了。

詞彙說明

構圖： 用某種方法或次序
安排圖畫中的物體，讓人看起來
覺得愉快。

輪廓線： 沿著物體或身體的外圍描出來的線條。

基本圖形的速寫： 用一些線條和幾何圖形（橢圓形、
方形等等）組成的初步圖畫。

紋路： 某個表面看起來或摸起來的感覺，可以是
平滑的、粗糙的或是凹凸不平的。

疊層法： 在印刷時，因為有好幾種顏色，所以把塊狀物
或板狀物切割，一次只印刷一個顏色。

留白部分： 一幅畫裡沒有著色，而讓紙張的白色或淺色，甚至是
襯底露出來的地方。

底板： 表面平滑、平坦的金屬，適合用切割的方式來印刷。

蛋彩： 一種含有蛋黃或是類似材料的不透明水彩。

樹膠： 一種不透明的水彩顏料。

廣告顏料： 一種不透明的水彩顏料。

模板： 某個部分被剪掉的卡紙或是其它材料。

色調： 某個顏色不同的濃淡。

調色盤： 碟子、板子，或是其它用來混色的表面。

立體： 一個身體或物體的體積。

漸層： 慢慢將顏色由深變化到較淺的顏色，由淺到深也是一樣。

最明亮的部分： 在一幅圖中，顏色較少或沒有顏色的區域，用來
表示身體或物體反射光線的地方。

擦筆： 用紙或其它材料捲成的、短短的、筆狀的工具。

保護膠： 通常是噴霧狀的，用來保護炭筆畫和粉彩畫，免得被弄
髒了或是用來隔絕空氣中的溼氣。

單色畫： 只用一種顏色或單一顏色色調變化的圖形或圖畫。

動物著色圖習作

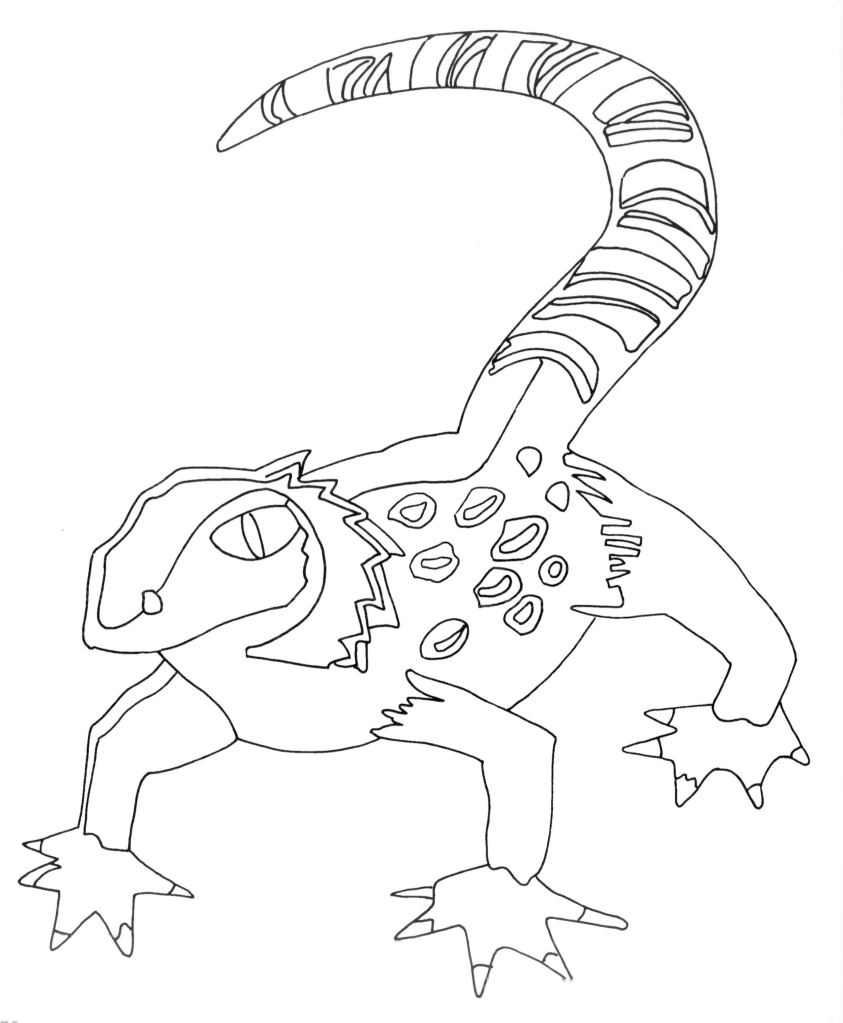

一套專為十歲以上青少年設計的百科全書

人類文明小百科

激發你的求知慾・滿足你的好奇心

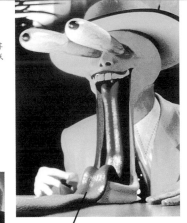